Biblioteca para Alumnos de Piano de Hal Leonard

Lecciones de Piano

Libro 1

PRESENTACIÓN

Cuando la música estimula nuestro interés e imaginación, realizamos los mayores esfuerzos para aprenderla con ilusión. La música en la **Biblioteca para Alumnos de Piano de Hal Leonard** anima a practicar, estimula el progreso y la confianza, y, tal vez lo más importante, ¡facilita el éxito en el estudio! Más de 1000 alumnos y profesores, en un estudio de mercado a escala nacional, señalaron como muy válidos para el estudio:

- la variedad de estilos y ambientes
- el flujo natural del ritmo, melodía y letra cantables de las piezas
- los excelentes acompañamientos
- las improvisaciones incluidas en los libros de lecciones
- incluye acompañamiento arreglado en audio y MIDI..

Cuando los nuevos conceptos tienen una aplicación inmediata a la música, nos da la sensación de que el esfuerzo que representa adquirir estas habilidades merece la pena. Tanto los profesores como los alumnos del estudio de mercado se mostraron especialmente entusiastas con:

- el ritmo de estudio "realista", que representa un reto sin ser agobiante;
- la presentación clara y concisa de los conceptos, que permite el enfoque propio del profesor;
- el ordenado diseño de página, que permite al alumno mantener la concentración en la partitura.

Además, los libros **Piano Practice Games** (Libros de Juegos de Prácticas) enseñan teoría, técnica y creatividad básica mediante ejercicios relacionados directamente con la música en los Libros de Lecciones. La serie de Solos de Piano ofrece un refuerzo de los conceptos presentados con un repertorio estimulante.

La Biblioteca para Alumnos de Piano de Hal Leonard es el resultado del esfuerzo de muchas personas. Deseamos expresar nuestra gratitud a todos los profesores, alumnos y colegas que han compartido su ilusión y creatividad con nosotros. Asimismo, deseamos que este método te sirva de guía y estímulo en tus estudios musicales.

Con nuestros mejores deseos,

Barbara Kreader   Fred Kern   Phillip Keveren   Mona Rejino

Autores
Barbara Kreader, Fred Kern, Phillip Keveren, Mona Rejino

Asesores
Tony Caramia, Bruce Berr, Richard Rejino

Directora de Productos Didácticos para Teclado
Margaret Otwell

Editores
Anne Wester, Rodney Kendall

Ilustraciones
Fred Bell

Traducción a cargo de
Andrew Rossetti

Para obtener acceso al audio, visite:
www.halleonard.com/mylibrary

Enter Code
3835-9455-4221-7812

Libro: ISBN 978-0-634-06127-1
Libro/Audio: ISBN 978-0-634-09523-8

7777 W. Bluemound Rd. P.O. Box 13819 Milwaukee, WI 53213

Visite Hal Leonard "On-line" en
www.halleonard.com

CONTENIDOS

* *Los alumnos pueden señalar las piezas después de estudiarlas.*

SENTARSE AL PIANO

Pregúntate a ti mismo:

¿Estoy sentado manteniéndome recto pero relajado a la vez?

¿Están mis muñecas y codos al nivel de las teclas?

POSICIÓN DE LAS MANOS

1) Deja que cuelguen tus brazos y mantenlos relajados. Fíjate ahora en tus manos, que presentan una curva suave.

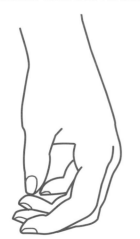

2) Mantén tus manos relajadas y curvadas mientras las subes al nivel del teclado.

3) Al tocar el piano, mantén los dedos en esta posición relajada y curvada.

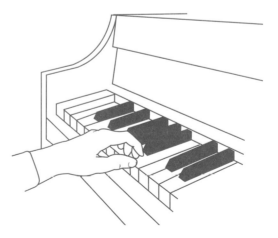

Notar el Pulso!

Concéntrate en el latido de tu corazón. Fíjate que su latido es regular. Algunas veces tu corazón late rápidamente, como cuando corres; otras veces late lentamente, como cuando estás durmiendo; pero siempre late de forma regular.

El Ritmo en la Música

La música tiene un pulso, también. Al igual que el pulso de tu corazón, el pulso musical puede ser lento o rápido.

Marca este pulso dando palmadas mientras tu profesor toca el siguiente acompañamiento tres veces a distintas velocidades:

1) a una velocidad lenta,   2) a una velocidad moderada,   3) a una velocidad rápida.

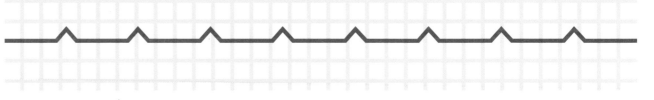

También puedes tocar este pulso en el piano utilizando cualquier tecla negra. Acuérdate de mantener el pulso regular.

También puedes hacer que suene el acompañamiento con el audio.

Acompañamiento

4

¡Echar un Vistazo!

Mientras escuchas el acompañamiento impreso al final de esta página, ponte de pie y canta con tu profesor.

Después de las palabras "way down low", toca las **teclas negras graves**. Después de las palabras "way up high", pasa por detrás de tu profesor y toca las **teclas negras agudas**.

1) When I look down low by my toe,
    Bugs and slugs and snails all grow.
    Way down low! (Letra en Inglés)

2) When I look up high in the sky,
    Birds and kites and planes fly by.
    Way up high! (Letra en Inglés)

Grave

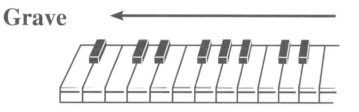

(Toca las teclas negras de la parte más baja del teclado.)

Agudo

(Toca las teclas negras de la parte más alta del teclado.)

Acompañamiento

Firme (♩ = 145)

Kern, Keveren, Kreader

primera estrofa

8va--------

El alumno toca las teclas graves.
Repetir 4 veces.

segunda estrofa

8va--------

El alumno toca las teclas agudas
Repetir 4 veces.

5

NÚMEROS DE LOS DEDOS

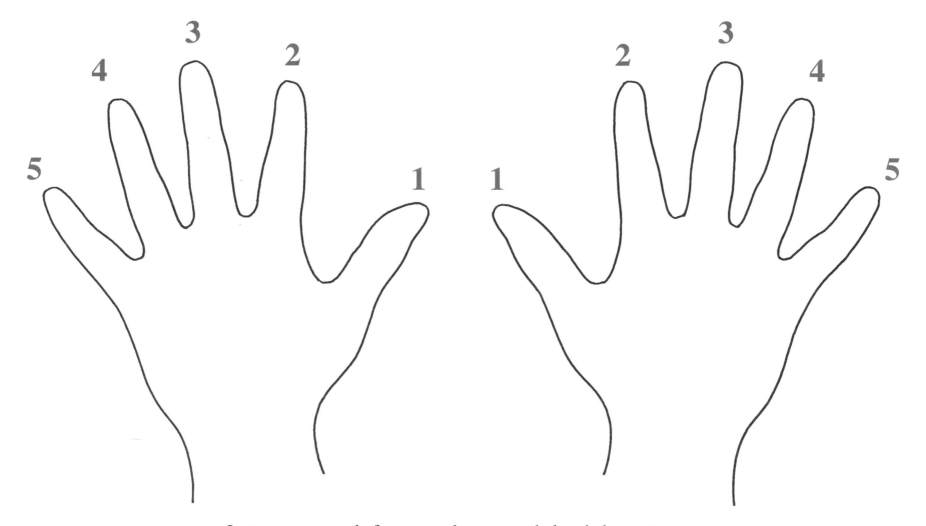

Junta tus manos de forma que las yemas de los dedos se toquen.
Repiquetear con los pulgares (1)
Repiquetear con los dedos índice (2)
Repiquetear con los dedos medio (3)
Repiqueteo con los dedos anular (4)
Repiqueteo con los dedos meñique (5)

Repiqueteo con los 4ºs   Repiqueteo con los 2ºs   Repiqueteo con los 1ºs
Repiqueteo con los 3ºs.

EL TECLADO DEL PIANO

El teclado del piano está dividido en grupos de dos teclas blancas y tres teclas negras.

L.H. R.H.
(mano izquierda, mano derecha)

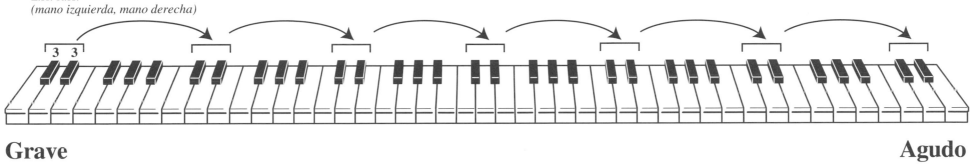

Grave

Agudo

DOS TECLAS NEGRAS

Coloca los pulgares detrás de la primera articulación del tercer dedo y utiliza el tercer dedo de cada mano para tocar los grupos de dos teclas negras. empieza en la zona grave del teclado y sigue hasta la zona aguda.

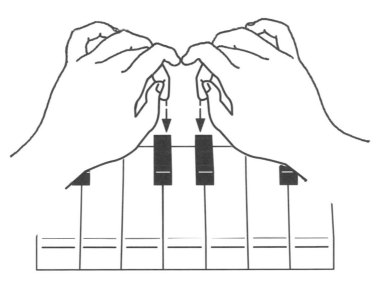

Cuando toques las piezas "Climbing Up" y "Climbing Down" en las páginas 8 y 9, tocarás los grupos de dos teclas negras tal como se muestra en la siguiente figura.

Climbing Up

Dos Teclas Negras
Desplazándose Hacia Arriba en el Teclado

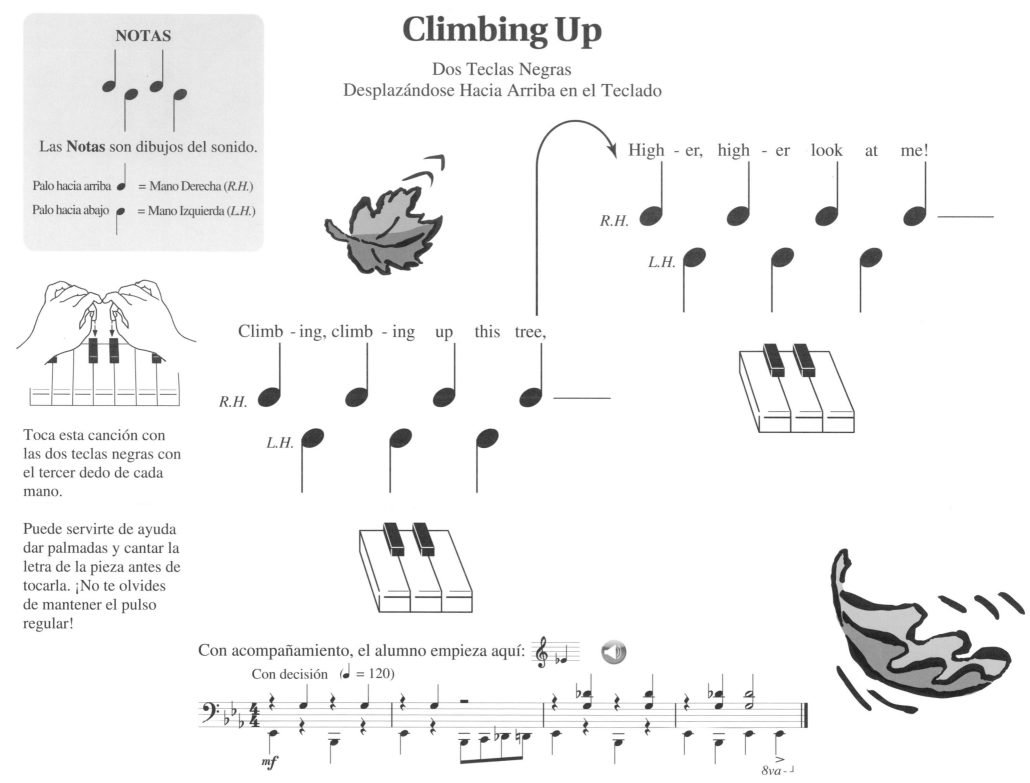

High - er, high - er look at me!

R.H.

L.H.

Climb - ing, climb - ing up this tree,

R.H.

L.H.

Toca esta canción con las dos teclas negras con el tercer dedo de cada mano.

Puede servirte de ayuda dar palmadas y cantar la letra de la pieza antes de tocarla. ¡No te olvides de mantener el pulso regular!

Con acompañamiento, el alumno empieza aquí:

Con decisión (♩ = 120)

mf

8va

8

Climbing Down

Dos Teclas Negras
Desplazándote Hacia Abajo en el Teclado

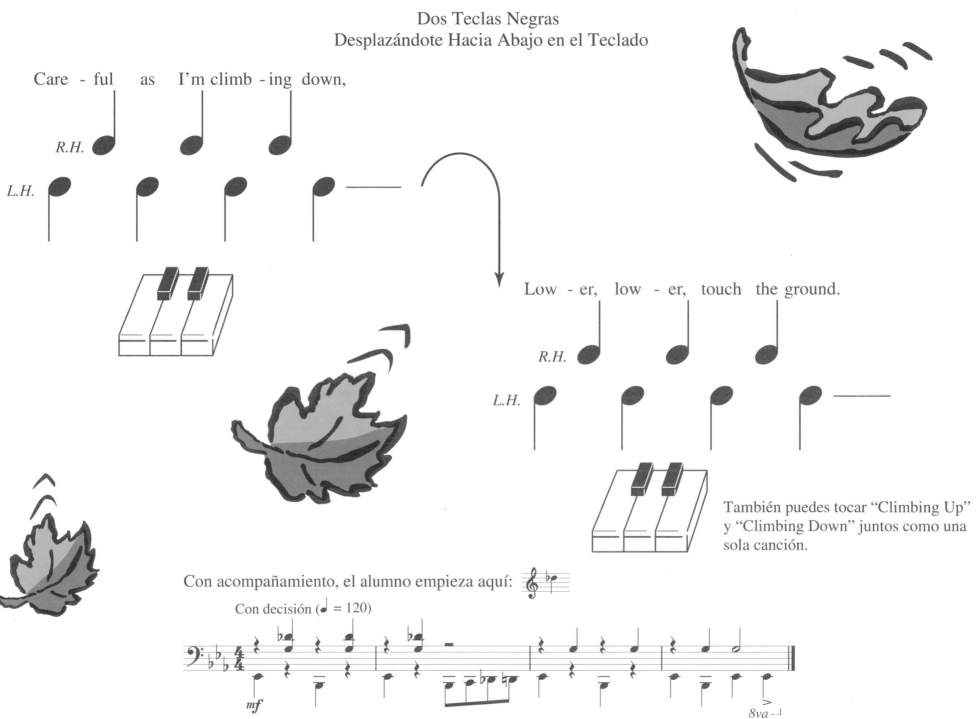

Care - ful   as   I'm climb -ing down,

R.H.

L.H.

Low - er, low - er, touch the ground.

R.H.

L.H.

También puedes tocar "Climbing Up" y "Climbing Down" juntos como una sola canción.

Con acompañamiento, el alumno empieza aquí:

Con decisión (♩ = 120)

mf

8va

9

Mi Propia Canción

Con las manos izquierda y derecha, selecciona cualquier grupo de dos teclas negras en la zona superior del piano.

Escucha y siente el pulso mientras tu profesor toca el acompañamiento impreso al final de esta página. Cuando estés preparado, toca también e improvisa tu propia canción.

¡Diviértete!

Acompañamiento

TRES TECLAS NEGRAS

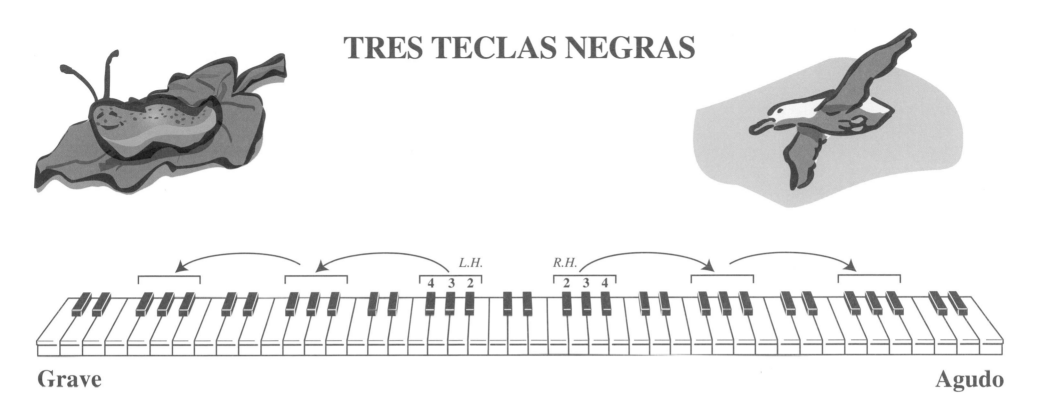

Grave

Agudo

Utilizando tu **mano izquierda (L.H.)**, empieza en el centro del teclado y toca los grupos de tres teclas negras con los dedos 2-3-4 **bajando hacia la zona grave del teclado**.

Utilizando tu **mano derecha (R.H.)**, empieza en el centro del teclado y toca los grupos de tres teclas negras con los dedos 2-3-4 **subiendo hacia la zona aguda del teclado**.

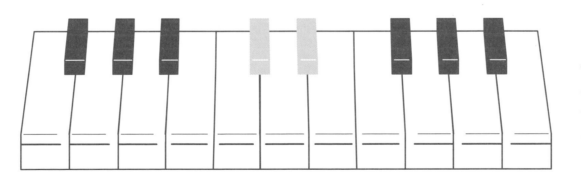

Toca "Mi Propia Canción" otra vez, utilizando los grupos de tres teclas negras.

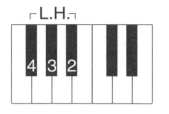

Al tocar estas piezas tú solo, utiliza la zona central del teclado.

Puede servirte de ayuda marcar el ritmo con palmadas antes de tocar la pieza en el piano.

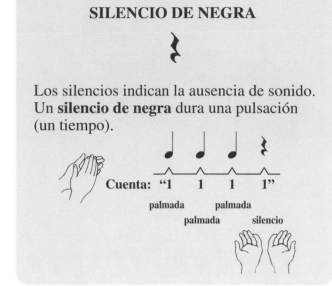

NEGRA

Las notas nos indican la duración del sonido. Una **negra** dura una pulsación (un tiempo).

Cuenta: "1   1   1   1"

palmada   palmada
palmada   palmada

SILENCIO DE NEGRA

Los silencios indican la ausencia de sonido. Un **silencio de negra** dura una pulsación (un tiempo).

Cuenta: "1   1   1   1"

palmada   palmada
palmada   silencio

My Dog, Spike

"Hot Cross Buns"

Seguro

My dog, Spike,   off to school,   out to prove that he's so cool.

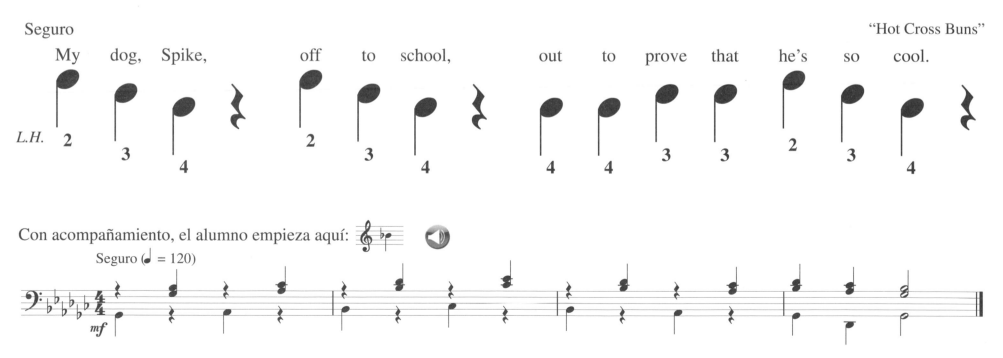

Con acompañamiento, el alumno empieza aquí:

Seguro (♩ = 120)

Puedes tocar "My Dog, Spike" y "Sorry, Spike" seguidos como una sola canción.

Sorry, Spike

Seguro

R.H.

"Sor - ry, Spike! You won't pass! Bark - ing is - n't taught in class!"

Con acompañamiento, el alumno empieza aquí:

Seguro (♩ = 120)

mf

13

Merrily We're Off To School

Rebotando

"Mary Had A Little Lamb"

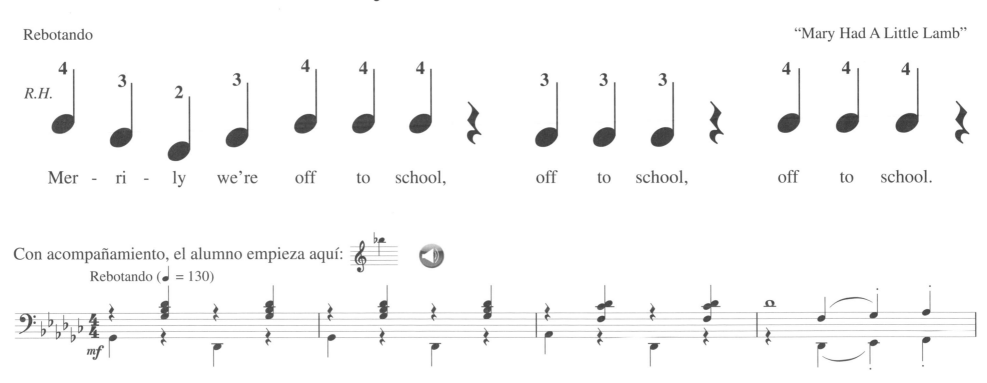

R.H.

Mer - ri - ly we're off to school, off to school, off to school.

Con acompañamiento, el alumno empieza aquí:

Rebotando (♩ = 130)

mf

14

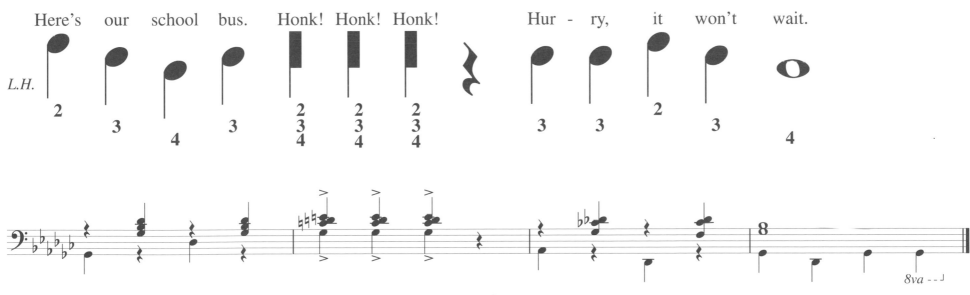

Estos pequeños cuadros negros se denominan "cluster". Toca las notas juntas utilizando los dedos indicados.

Here's our school bus. Honk! Honk! Honk! Hur - ry, it won't wait.

L.H.

2   3   4   3   2 3 4   2 3 4   2 3 4   3   3   2   3   4

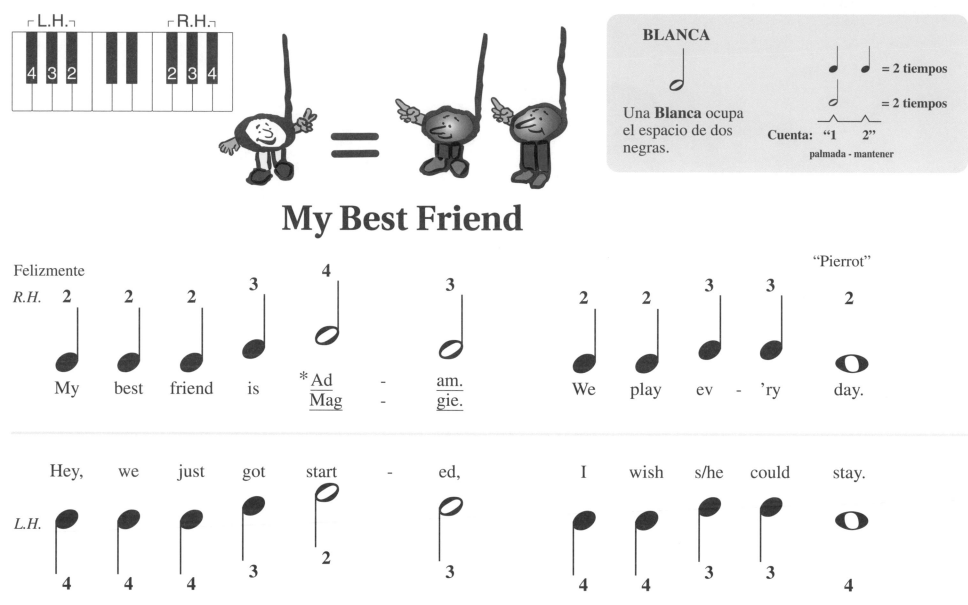

My Best Friend

Toca la primera línea de la canción con la mano derecha; y después toca la segunda línea de la canción con la mano izquierda.
* Pon el nombre de tu amigo.

Con acompañamiento, el alumno empieza aquí:

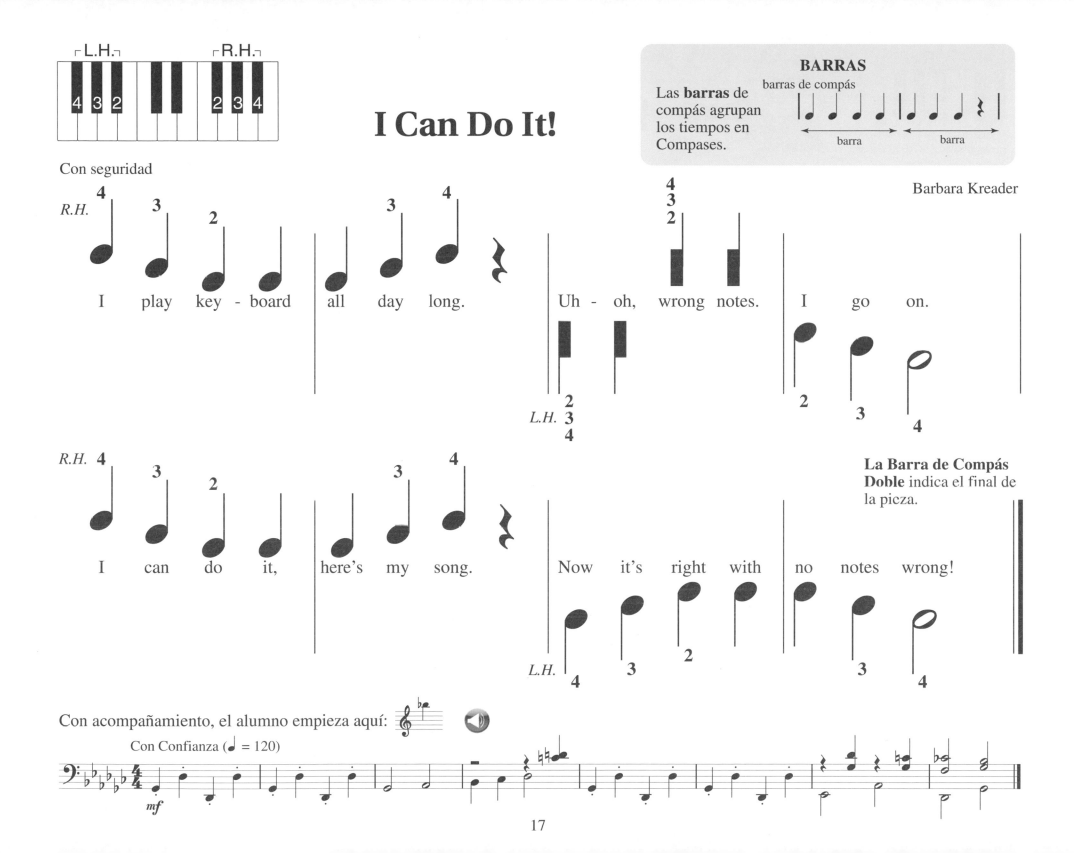

Let's Get Silly!

Night Shadows

Barbara Kreader

EL ALFABETO MUSICAL

Tocar con las Teclas Blancas

En la música se emplean las primeras siete letras del alfabeto. Estas letras se utilizan una y otra vez para identificar las teclas blancas.

Con el tercer dedo de la mano derecha, toca y a la vez canta el alfabeto musical tres veces, utilizando este ritmo:

Alphabet Soup

La parte del alumno debe tocarse de memoria.

Fred Kern

GRUPOS DE LAS NOTAS C D E (DO, RE, MI)

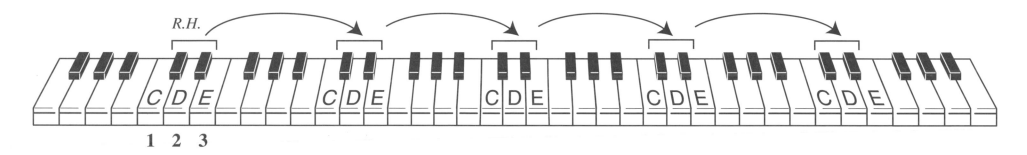

Con la mano derecha, empieza en la zona grave del teclado y toca los grupos de las notas C D E con los dedos 1-2-3 de forma individual desplazándote hacia la zona aguda del teclado.

Ahora, explora el teclado, tocando los grupos de notas C D E con la mano izquierda utilizando los dedos 3-2-1.

Mi Propia Canción
Utilizando las notas C D E (Do, Re, Mi)

Con la mano derecha o la mano izquierda, selecciona cualquier grupo de notas C D E en la zona superior del piano.

Escucha y siente el pulso mientras tu profesor toca el acompañamiento impreso al final de esta página. Cuando estés preparado, toca C D E. Experimenta tocando E D C.

Mezcla las letras de la manera que desees e inventa tu propia canción.

¡Diviértete!

Acompañamiento

Libremente (♩ = 85)

Repetir según sea necesario

Con el pedal

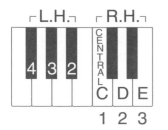

Balloon Ride

Phillip Keveren

Movido

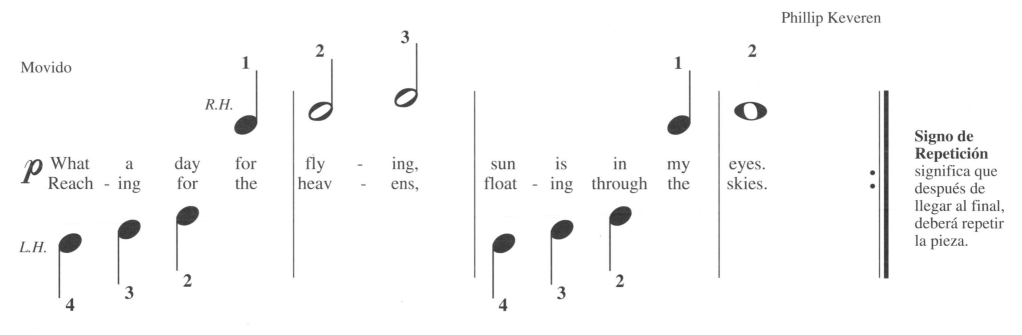

p What a day for the | fly - ing, | sun is in my | eyes.
Reach - ing for the | heav - ens, | float - ing through the | skies.

R.H.

L.H.

Signo de Repetición significa que después de llegar al final, deberá repetir la pieza.

Mantén pisado el pedal derecho (pedal sustain) hasta terminar la pieza.

Con acompañamiento, el alumno empieza aquí:

Movido (♩ = 120) *R.H.*

L.H. *p*

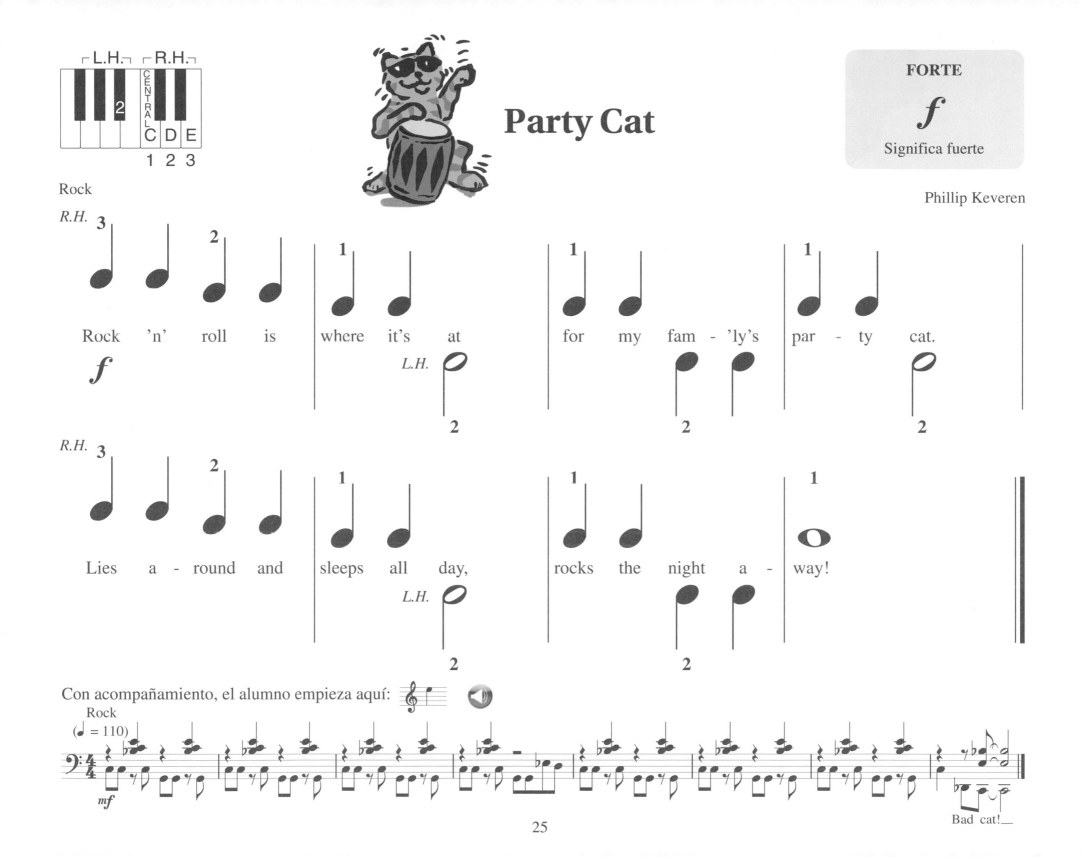

Party Cat

Phillip Keveren

FORTE

f

Significa fuerte

Rock

R.H. **3** **2** **1**

Rock 'n' roll is where it's at for my fam-'ly's par - ty cat.

f

L.H. **2** **2** **2**

R.H. **3** **2** **1** **1** **1**

Lies a - round and sleeps all day, rocks the night a - way!

L.H. **2** **2**

Con acompañamiento, el alumno empieza aquí:

Rock
(♩ = 110)

mf

Bad cat!

25

GRUPOS DE NOTAS F G A B (FA, SOL, LA, SI)

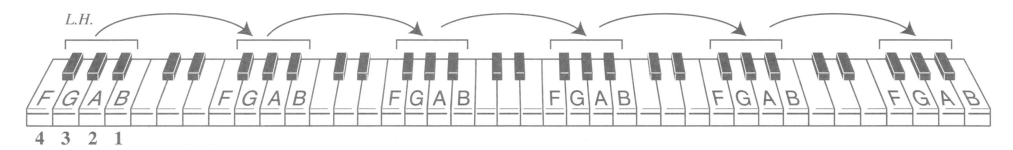

Con la mano izquierda, empieza en el registro grave del teclado y toca individualmente las notas de los grupos F G A B con los dedos 4-3-2-1, desplazándote hacia la zona aguda del teclado.

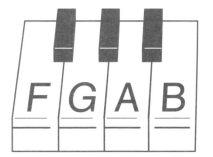

Ahora explora el teclado, tocando los grupos de notas F G A B con la mano derecha utilizando los dedos 1-2-3-4.

Mi Propia Canción
Utilizando las notas F G A B (Fa, Sol, La, Si)

Con la mano derecha o la mano izquierda, selecciona cualquier grupo de notas F G A B en la zona superior del piano.

Escucha y siente el pulso mientras tu profesor toca el acompañamiento impreso al final de esta página. Cuando estés preparado, toca F G A B. Experimenta tocando F G A B.

Mezcla las letras de la manera que desees e inventa tu propia canción.

¡Diviértete!

Acompañamiento

Estilo Rock (♩ = 130)

Repetir según sea necesario | *Última vez*

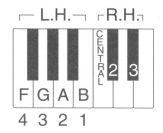

Undersea Voyage

Misteriosamente

Phillip Keveren

R.H. **3**   **2**   **3**   **2**

p Deep in - to the | o - cean | in my sub - ma - rine.
That's the big - gest | tur - tle | I have ev - er seen!

L.H.

1   **2**   **3**   **4**   **1**   **2**   **3**

Mantén pisado el pedal durante toda la pieza.

Con acompañamiento, el alumno empieza aquí: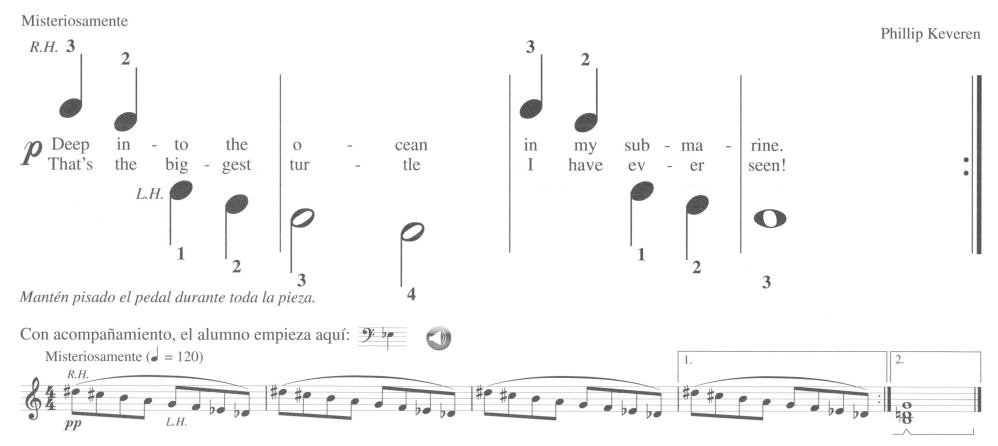

Misteriosamente (♩ = 120)

R.H.

pp   *L.H.*

1.   2.

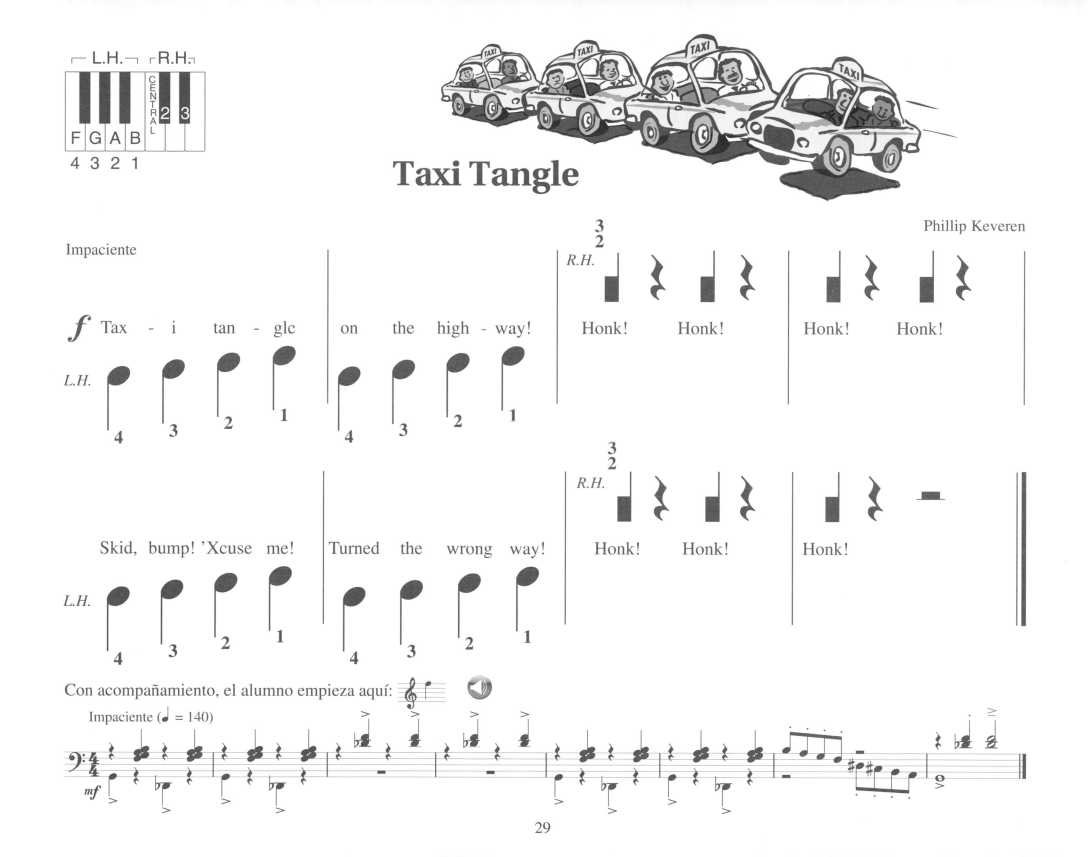

Taxi Tangle

Phillip Keveren

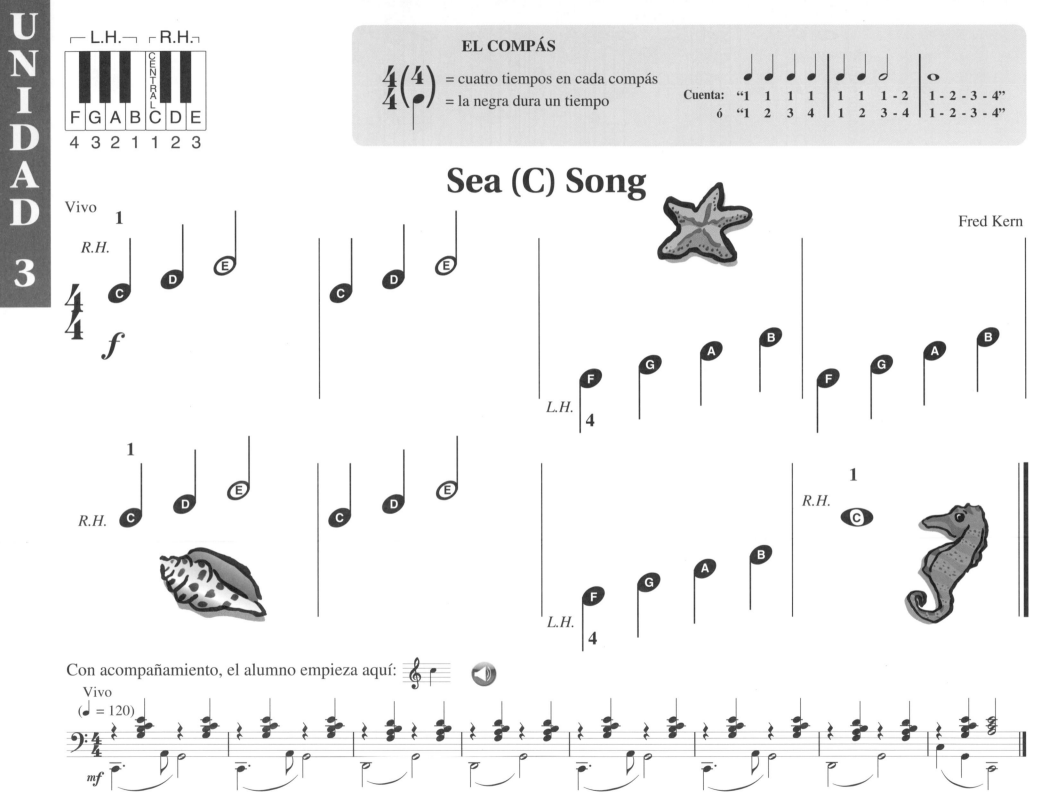

Sea (C) Song

Posición Nueva

Rain, Rain, Go Away

Firme

R.H.

Canción Folklórica

| | Rain, rain, | go a - way. | Come a - gain some | oth - er day. |
| | Sun, sun, | come on out. | We all want to | play and shout! |

Con acompañamiento, el alumno empieza aquí:

Firme (♩ = 120)

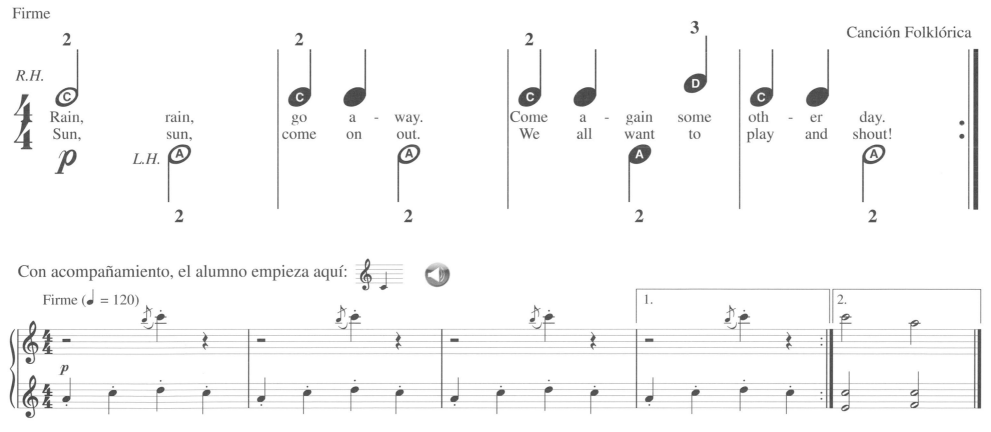

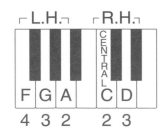

Dakota Melody

Canción India

Con pulso firme

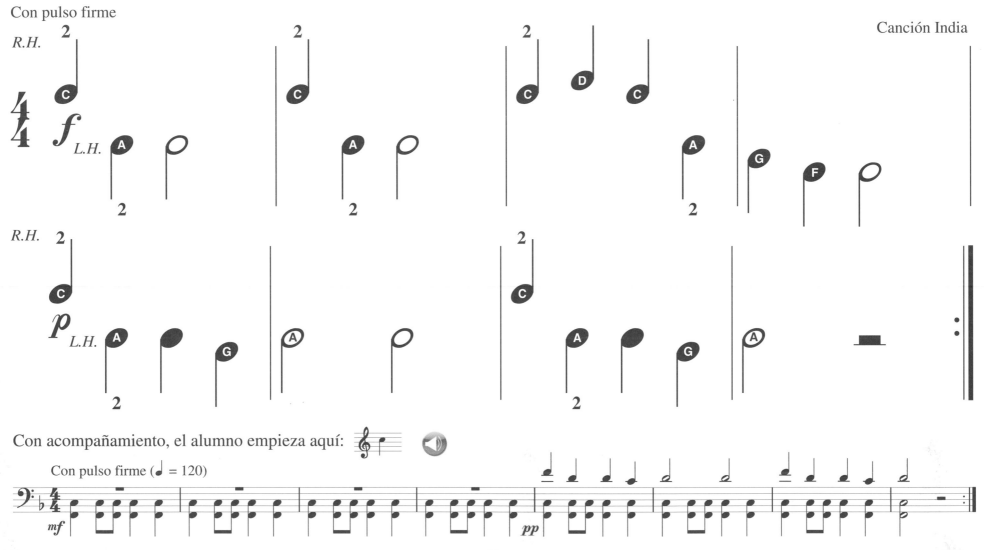

Con acompañamiento, el alumno empieza aquí:

Con pulso firme (♩ = 120)

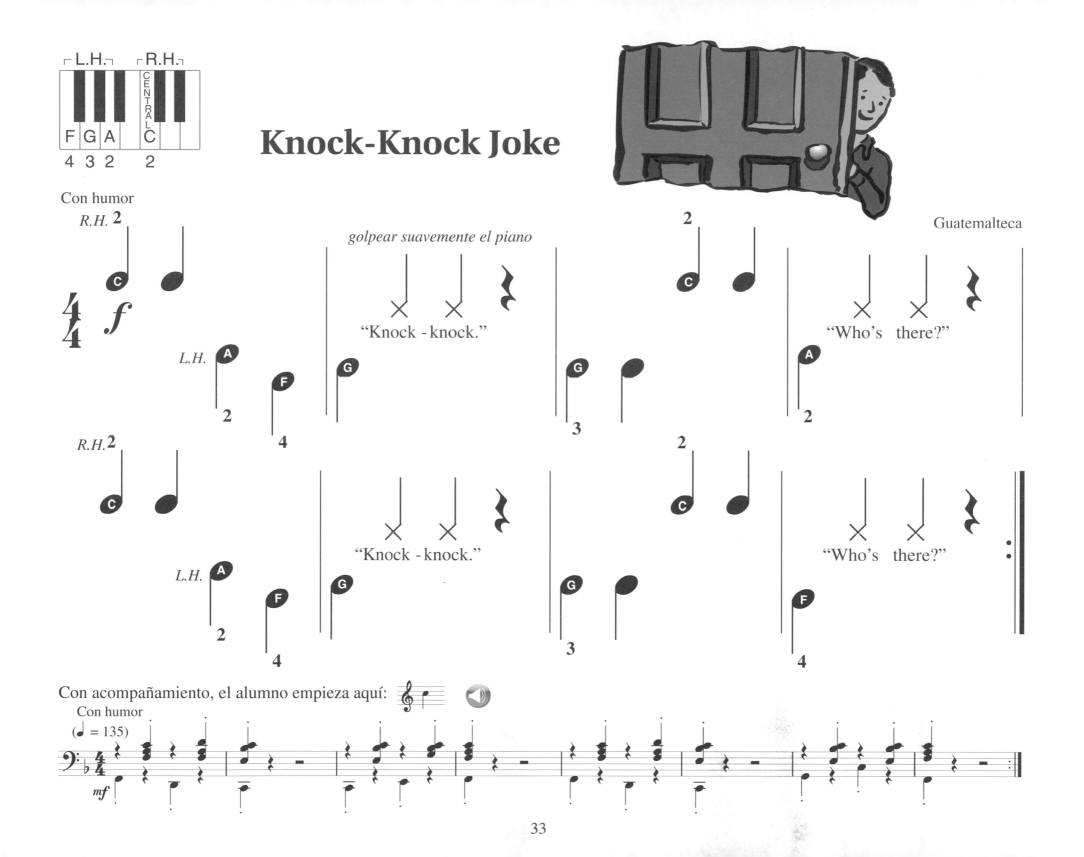

Knock-Knock Joke

Guatemalteca

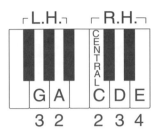

Old MacDonald Had A Band

Con energía

Canción Tradicional

R.H. **2**

C Old Mac - Don - ald | had a band, | E - I - E - I - O.
In his band he | had a horn, | E - I - E - I - O.

f

L.H. **G**

A

G

3

4

E

D

C

Con acompañamiento, el alumno empieza aquí:

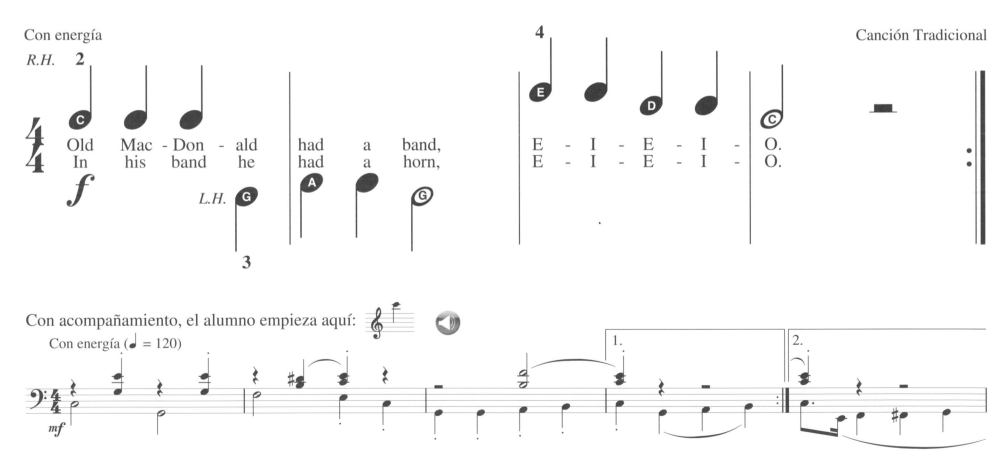

Con energía (♩ = 120)

mf

1.

2.

34

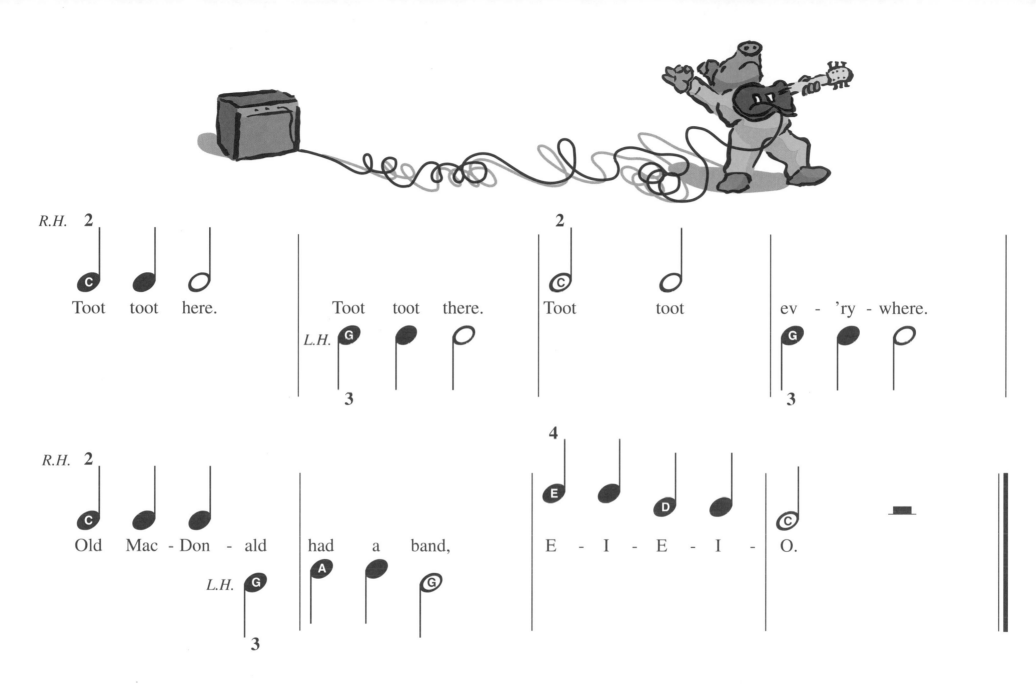

LÍNEAS Y ESPACIOS

Algunas notas están escritas en las **líneas:**

NOTA EN UNA LÍNEA

Algunas notas están escritas en los **espacios:**

NOTA EN UN ESPACIO

La música se escribe en un **PENTAGRAMA** compuesto por 5 líneas y 4 espacios.

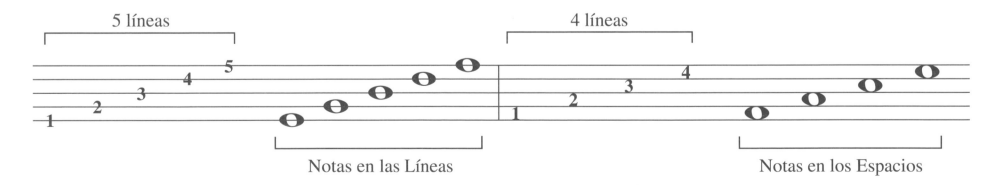

5 líneas

4 líneas

Notas en las Líneas

Notas en los Espacios

CÓMO SE MUEVEN LAS NOTAS EN EL PENTAGRAMA

SE REPITEN

SE MUEVEN POR PASOS (SEGUNDAS)

De Línea a Espacio o Espacio a Línea

La misma línea   El mismo espacio

Paso descendente   Paso ascendente

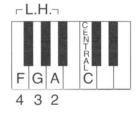

Título: _____

Ya sabes tocar esta canción.
¿Te acuerdas de su título?

Firme

L.H.   **2** *descendente*   *descendente*   **2** *descendente*   *descendente*

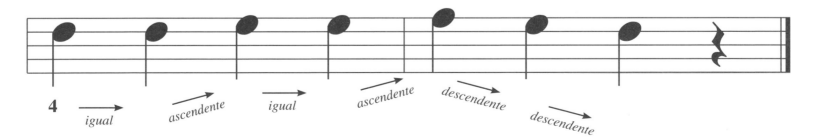

4   *igual*   *ascendente*   *igual*   *ascendente*   *descendente*   *descendente*

EL SIGNO DE CLAVE DE FA 𝄢:
(CLAVE DE FA)

Este signo se basa en la antigua forma de escribir la letra F. 𝄢

Ésta es la línea de Fa

La línea de Fa pasa entre los dos puntos de la **Clave de Fa**.

Normalmente, tocarás las notas graves escritas en el Pentagrama Inferior con la **mano izquierda**.

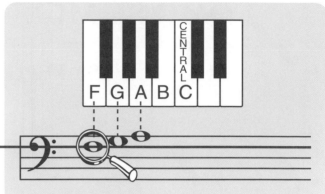

La nota Fa sirve como guía para la lectura en Clave de Fa. Puedes averiguar el nombre de cualquier nota escrita en clave de Fa partiendo hacia arriba o hacia abajo de la línea de la nota Fa.

Hide And Seek

Mona Rejino

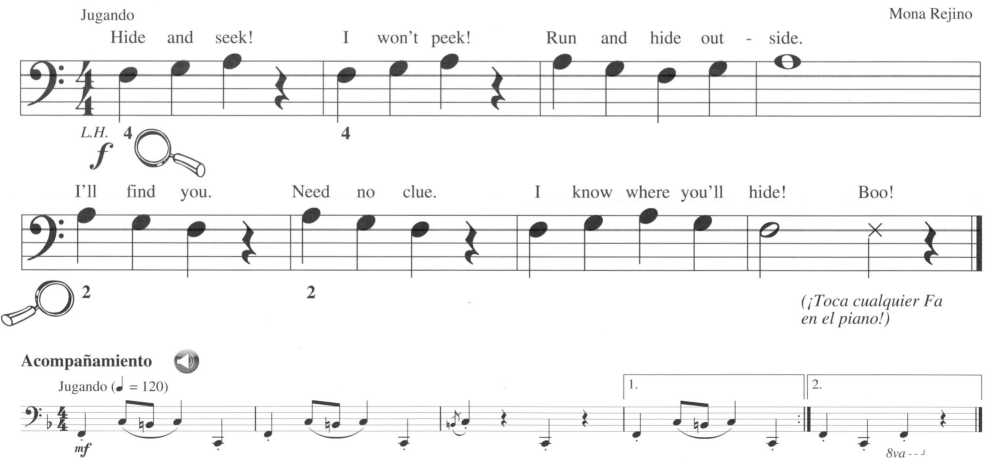

Siempre que veas esta lupa, escribe el nombre de la nota.

Título:_____

Ya sabes tocar esta canción.
¿Te acuerdas de su título?

EL SIGNO DE CLAVE DE SOL
(CLAVE DE SOL)

Este signo se basa en la antigua forma de escribir la letra G.

Ésta es la línea de Sol.

La línea de Sol pasa a través del "espiral" del signo de la **Clave de Sol**.

Normalmente, tocarás las notas agudos escritas en el Pentagrama Superior con la **Mano Derecha**.

La nota Sol sirve como guía para la lectura en Clave de Sol. Puedes averiguar el nombre de cualquier nota escrita en clave de Sol partiendo hacia arriba o hacia abajo de la línea de la nota Sol.

Oh, Gee (SOL)

Música de Fred Kern
Letra de Claire Berthold

Firme
R.H.

Gee,   oh,   gee.   Gee,   oh,   gee.   Four   more   min - utes,   please.

No,   not   yet.   Let   us   play   one   more   game.

Acompañamiento

Firme (♩ = 120)

40

Hopscotch

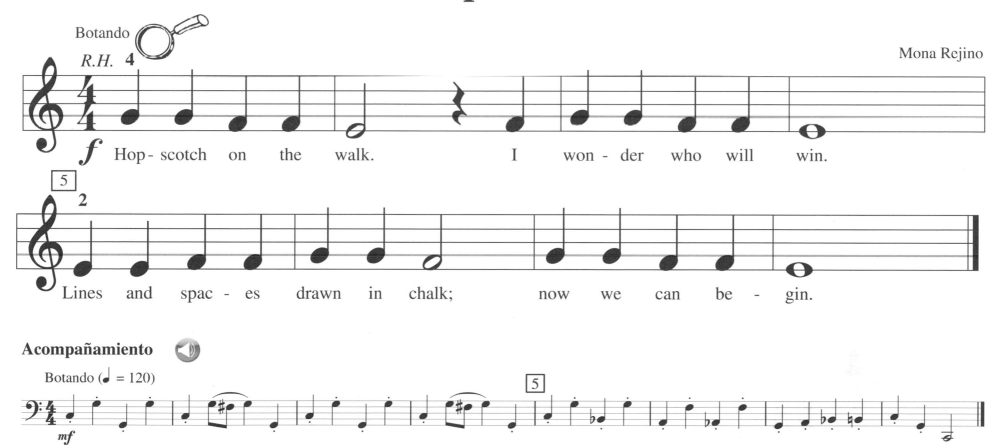

Mona Rejino

Botando

R.H. **4**

f Hop-scotch on the walk. I won-der who will win.

Lines and spac-es drawn in chalk; now we can be - gin.

Acompañamiento

Botando (♩ = 120)

mf

PENTAGRAMA PARA PIANO
Un Mapa Musical

El pentagrama Inferior y el Pentagrama Superior juntos forman el **PENTAGRAMA PARA PIANO**, que es un Mapa Musical que indica qué tecla debe tocarse.

La nota Do Central utiliza una línea corta (línea adicional) entre el Pentagrama Inferior y el Pentagrama Superior.

Los pulgares comparten
Do Central en esta posición.

My Best Friend

"Pierrot"

Con Alegría

f My best friend is *Lind - say.* We play ev - 'ry day.

Hey, we just got start - ed. I wish she could stay.

* Escribe el nombre de tu amigo.

43

Tambourine Tune

Con Ímpetu

Canción Folklórica

Acompañamiento (El alumno debe tocar las notas una octava más alta que la octava escrita.)

Con Ímpetu (♩ = 150)

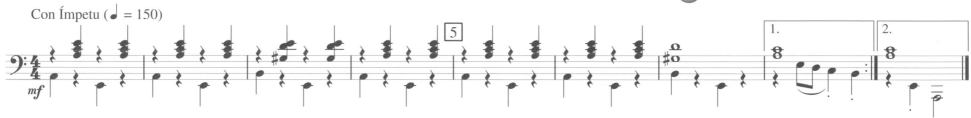

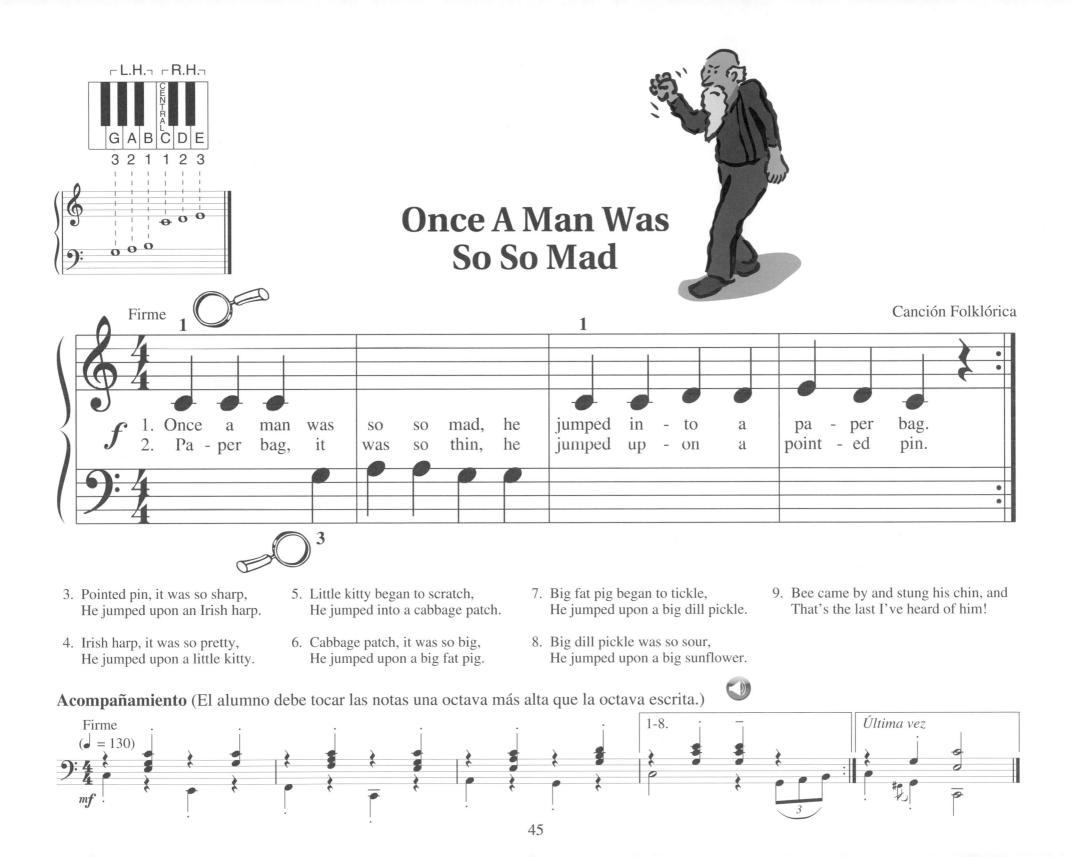

Once A Man Was So So Mad

Canción Folklórica

Firme

f
1. Once a man was so so mad, he jumped in-to a pa-per bag.
2. Pa-per bag, it was so thin, he jumped up-on a point-ed pin.

3. Pointed pin, it was so sharp,
   He jumped upon an Irish harp.

4. Irish harp, it was so pretty,
   He jumped upon a little kitty.

5. Little kitty began to scratch,
   He jumped into a cabbage patch.

6. Cabbage patch, it was so big,
   He jumped upon a big fat pig.

7. Big fat pig began to tickle,
   He jumped upon a big dill pickle.

8. Big dill pickle was so sour,
   He jumped upon a big sunflower.

9. Bee came by and stung his chin, and
   That's the last I've heard of him!

Acompañamiento (El alumno debe tocar las notas una octava más alta que la octava escrita.)

Firme
(♩ = 130)

mf

1-8.

Última vez

45

Long, Long Ago

Thomas Haynes Bailey

Acompañamiento (El alumno debe tocar las notas dos octavas por encima de la octava escrita.)

Sing me the songs I de - light - ed to hear

long, long a - go, long a - go. *mp*

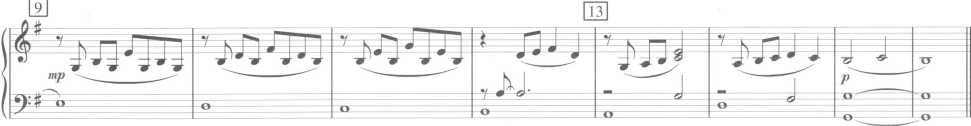

Nobody Knows The Trouble I'm In

Barbara Kreader

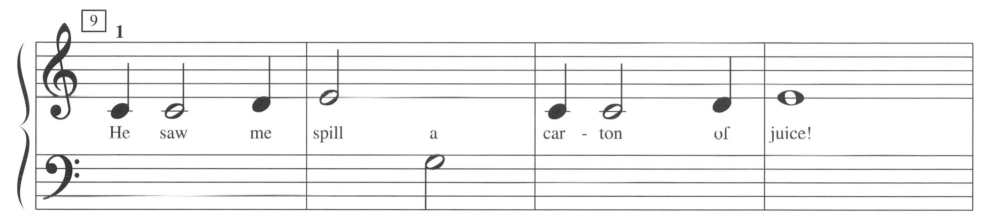

He saw me spill a car - ton of juice!

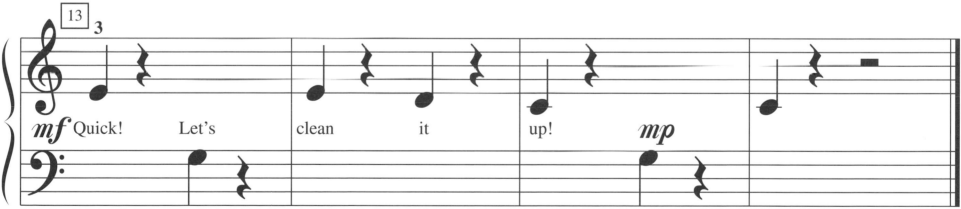

mf Quick! Let's clean it up! *mp*

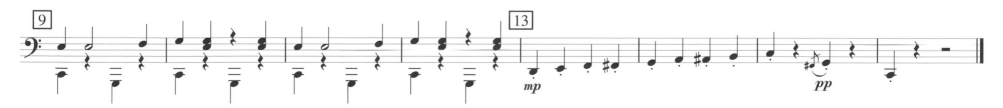

mp　　　*pp*

SALTOS
(Terceras)

En el piano una tercera
- salta una tecla
- salta un dedo
- salta una letra

En el pentagrama, una tercera salta una letra desde
- una línea a otra
- un espacio a otro

De un Espacio a Otro Espacio

Un salto hacia abajo
(una tercera)

De una Línea a otra Línea

Un salto hacia arriba
(una tercera)

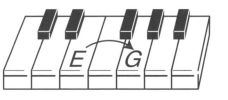

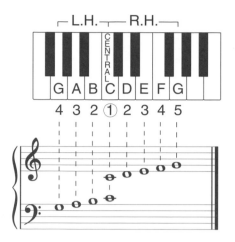

Surprise Symphony

Vivo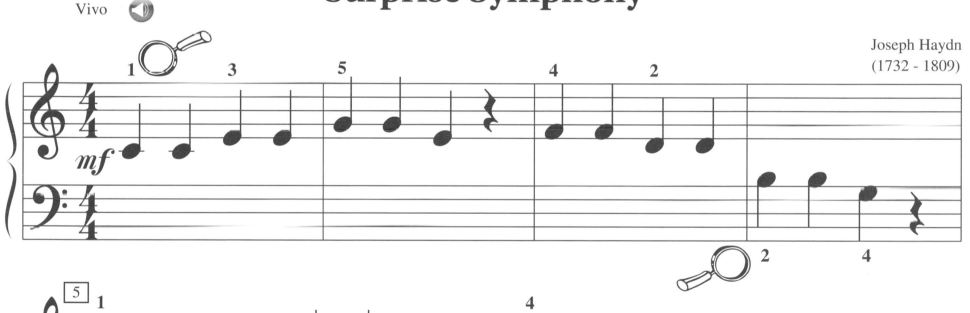

Joseph Haydn
(1732 - 1809)

Skateboard Doodle

"Yankee Doodle"

Con energía

f Once my broth - er | sped down -town, | rid - ing on his | skate - board.

Took a curve and | lost his nerve and | turned in - to a | dust bin.

Acompañamiento (El alumno debe tocar las notas una octava por encima de la octava escrita.)

Con energía (♩ = 130)

mf

La Mano Derecha pasa por encima de la Mano Izquierda.

8va

52

Let Me Fly!

Star Quest

Phillip Keveren

Acompañamiento (El alumno debe tocar las notas una octava por encima de la octava escrita.)

Marcha Heroica (♩ = 120)

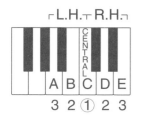

Las **INDICACIONES DE TEMPO** aparecen al principio de la pieza. Indican la velocidad de su pulso.

Estas indicaciones en Italiano son los más comunes:

	Mood	Velocidad
Adagio	Seriamente	Lentamente
Andante	Calmadamente	Velocidad de paseo
Allegro	Felizmente	Rápidamente

Solemn Event

Italo Taranta

Acompañamiento (El alumno debe tocar las notas una octava por encima de la octava escrita.)

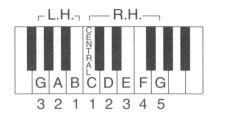

D.C. (Da Capo) al Fine

Este signo indica que debe volver al principio (capo) de la pieza y tocar hasta que encuentre el signo del final (fine).

I Like You!

Allegro

Canción Folklórica

Fine

mf I like you! You're my own best friend.

Laugh - ing with me when I'm hap - py, stand - ing by me when I'm crab - by,

D.C. al Fine

Just Being Me!

Canción Checoslovaca

Run - ning, skip - ping, jump - ing, and hop - ping, and hum - ming, sing - ing, flip - ping, and flop - ping. I'm hap - py to be *El - lie, I'm El - lie. I'm hap - py to be me!

*Apunta tu nombre.

Acompañamiento (El alumno debe tocar las notas una octava por encima de la octava escrita.)

Vivo
(♩ = 150)

mp

Trumpet Man

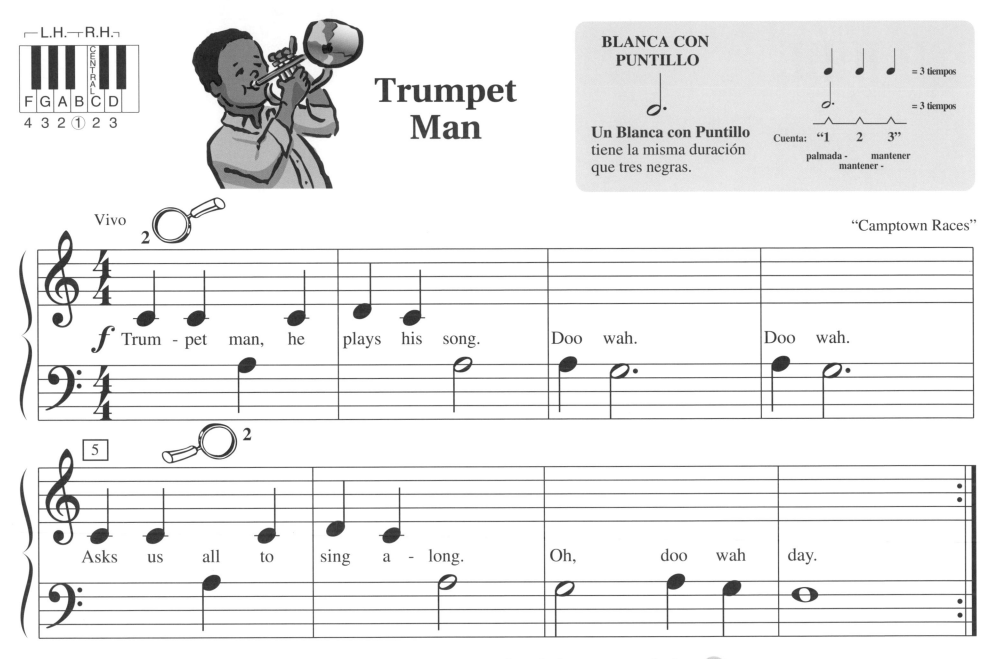

BLANCA CON PUNTILLO

Un Blanca con Puntillo tiene la misma duración que tres negras.

Cuenta: "1 2 3"
palmada - mantener
mantener -

= 3 tiempos
= 3 tiempos

Vivo

"Camptown Races"

Trum - pet man, he   plays his song.   Doo wah.   Doo wah.

Asks us all to   sing a - long.   Oh,   doo wah   day.

Acompañamiento (El alumno debe tocar las notas una octava por encima de la octava escrita.)

Vivo (♩ = 160)

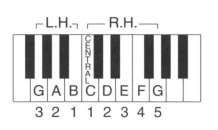

Scottish Air

Andante

Canción Folklórica

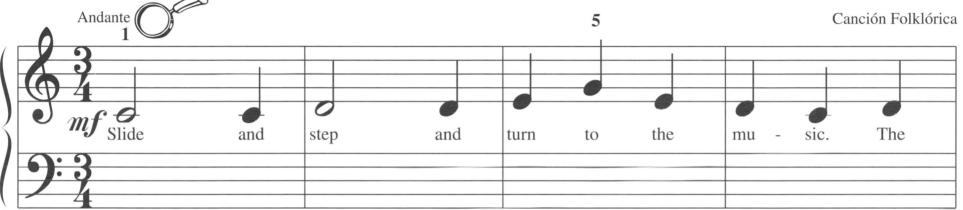

Slide and step and turn to the mu - sic. The

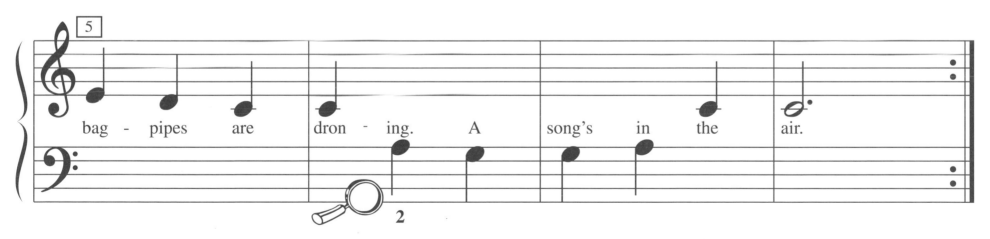

bag - pipes are dron - ing. A song's in the air.

Acompañamiento (El alumno debe tocar las notas una octava por encima de la octava escrita.)

Andante (♩ = 145)

Pirates Of The Sea

Janet Medley

Audazmente

mp Sail — ing | ships | to | far - a - way | plac - es, where

treas — ure | waits | for | me! _____

LIGADURAS

Una **Ligadura** es una línea curva que conecta dos notas con la misma afinación. Mantén sonando la nota durante el tiempo indicado por la combinación del valor de ambas notas.

dos notas = un sonido

1 - 2 - 3   ligadura - 2 - 3

Acompañamiento (El alumno debe tocar las notas una octava por encima de la octava escrita.)

Audazmente (♩ = 150)

p

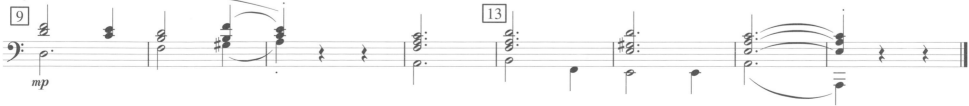

Go For The Gold

Marcha Majestuosa

Phillip Keveren

Acompañamiento (El alumno debe tocar las notas una octava por encima de la octava escrita.)

Marcha Majestuosa (♩ = 90)

AWARD CERTIFICATE

HAS COMPLETADO CON ÉXITO
EL LIBRO 1
DE LECCIONES DE PIANO
DE HAL LEONARD
Y ESTÁS PREPARADO PARA ACCEDER
AL LIBRO 2.

_____   _____
PROFESOR   FECHA

HAL•LEONARD®

El recortable puede colocarse en un botón de la camisa del alumno.